Justyna Wieczorek-Hecker

Come parlano i giovani italiani? - La rappresentazione pr: giovani

CW00543550

Justyna Wieczorek-Hecker

Come parlano i giovani italiani? - La rappresentazione pratica e teorica della lingua dei giovani

GRIN Verlag

Bibliografische Information der Deutschen Nationalbibliothek: Die Deutsche Bibliothek
verzeichnet diese Publikation in der Deutschen Nationalbibliografie; detaillierte bibliografische Daten sind im Internet über http://dnb.d-nb.de/ abrufbar.

1. Auflage 2003
Copyright © 2003 GRIN Verlag
http://www.grin.com/
Druck und Bindung: Books on Demand GmbH, Norderstedt Germany
ISBN 978-3-638-65499-9

Technische Universität Dresden

Fakultät für Sprach- und Literaturwissenschaften

Institut für Romanistik

SS 2002, HS: „Il linguaggio giovanile"

Come parlano i giovani italiani?

- La rappresentazione pratica e teorica della lingua dei giovani

Justyna Wieczorek-Hecker

Magister HF: Germanistik/ DaF, NF: Romanistik, Slawistik

INDICE

INTRODUZIONE

La dissertazione tratta dell'argomento: *Come parlano i giovani italiani?* Il trattato è costituito da due parti: una parte teorica e una parte pratica. La prima parte tratta della lingua dei giovani in Italia, del suo sviluppo, delle componenti del linguaggio giovanile e in fine delle funzioni e dei caratteri generali di questa varietà. In particolare pone l'accento sulla componente costituita dai prestiti da lingue straniere. La seconda parte tratta della ricerca sulla lingua dei giovani in internet e in chiusura vengono rappresentate le analisi pratiche del lessico giovanile romanesco, supportate da vari esempi.

1. DESCRIZIONE DELLA LINGUA DEI GIOVANI NELLA LINGUISTICA ITALIANA

I giovani di ieri e di oggi

La società attuale, influenzata dal processo di industrializzazione e dalle sue conseguenze culturali e comportamentali, ha notevolmente modificato il tipo di rapporti interpersonali. Il mondo dei giovani del passato era influenzato dalla famiglia, dalla scuola e dalle altre istituzioni che ora hanno perso la loro efficacia e capacità di controllo e di orientamento. Se in un passato neanche troppo lontano, pre-sessantottesco, la realtà dei ragazzi era marginale, come una fase di passaggio in cui a loro non si chiedeva altro che di diventare adulti, adesso il mondo giovanile acquista sempre più importanza. Con sport, musica, look e ogni altro tipo di consumo, i giovani sono i protagonisti indiscussi della scena. "Il cammino delle giovani generazioni alla ricerca di sè, della propria identità, della propria collocazione adulta, è più lento e più articolato di quanto fosse in passato." (Banfi 1994, p. 153)

Oggi altre istituzioni impongono modelli di comportamento per i giovani. Da un lato, come rileva più avanti Emanuele Banfi, influiscono modelli di aggregazione "locali", caratterizzati dal modo di vita dei sub-gruppi in cui si organizzano tra loro i giovani. Dall'altro i giovani sono condizionati contemporaneamente da potentissime macro-centrali formative del gusto giovanile, diffuse tramite i mass media. La musica, i video, le mode, gli stili di vita viaggiano spesso da una nazione all'altra, creando cosí non solo una centrale di modelli a carattere internazionale, ma anche una fitta rete di scambi culturali che mettono in comunicazione luoghi anche molto lontani tra di loro.

A proposito del variare di usi e tratti della lingua in relazione alle classe di età, generalmente si può anche sostenere che gli anziani sono tendenzialmente conservativi e usano forme ritenute arcaiche, mentre i giovani sono tendenzialmente innovativi e usano forme ritenute moderne.

Le varietà di lingua

Innanzitutto è importante descrivere le fondamentali classi di varietà esistenti all'interno di una lingua. Secondo Berruto (1980, p. 26-31) tali classi si individuano riconducendole a quattro fondamentali fattori che influenzano gli usi diversi della lingua, vale a dire il tempo, lo spazio, le classi sociali e le situazioni comunicative.

La prima classe di varietà concerne le diverse fasi di evoluzione di una lingua, il suo trasformarsi nel tempo. Nella linguistica si parla in tal caso di varietà diacroniche, quindi considerate nel loro sviluppo storico.

La seconda classe di varietà riguarda le diversificazioni a cui una lingua è soggetta in base all'origine e alla distribuzione geografica dei parlanti e viene chiamata varietà geografica o diatopica di lingua.

4

Nel caso in cui la lingua sia determinata dal gruppo sociale degli utenti, in terminologia linguistica si parla di varietà diastratiche o sociali. Dunque questa classe di varietà concerne "i diversi aspetti d'uso che una lingua assume a seconda della provenienza e collocazione sociale e culturale dei parlanti e delle diverse caratteristiche che questi presentano rispetto a parametri socialmente pertinenti." (Berruto 1980, p. 28)

L'ultima classe di varietà concerne le modalità diverse di uso della lingua che si realizzano a seconda della diversità delle situazioni in cui i parlanti si trovano a usare la lingua, e in tal caso si parla delle varietà situazionali o varietà contestuali o varietà diafasiche. Dunque "le varità contestuali dipendono dal mutamento del contesto in cui si usa la lingua, (...) il loro impiego è legato alla situazione in cui avviene la comunicazione e alla funzione che essa assolve. La dimensione diafasica riguarda i singoli parlanti, i diversi momenti di produzione di atti linguistici, la modalità espressiva e il grado di formalità, è strettamente connessa con la soggettività e il livello di competenza linguistica." (Coveri 1998, p. 131)

Nello studio scientifico delle lingue si parla anche di varietà diamesiche. Questa dimensione riguarda "l'osservazione delle varietà della lingua in base al mezzo che viene utilizzato per la comunicazione e cioè la tradizionale distinzione fra uso scritto (grafico) e uso parlato (orale) a cui negli ultimi decenni è stato aggiunto un terzo tipo, il «trasmesso» (con i mezzi tecnici)." (Coveri 1998, p.229)

Il LG viene considerato un particolare segmento della realtà linguistica dell'Italia contemporanea. Solo da poco si è cominciato a prestare attenzione ai tratti e alle forme linguistiche tipiche dell'adolescenza. Il sorgere del LG è rintracciabile dopo la Seconda Guerra Mondiale, ma la sua vera nascita, cominciata nei grandi centri urbani, secondo Marcato (2002, p. 42) e Coveri (1998, p. 167) viene legata all'abbandono e al calo dell'uso del dialetto con funzione espressiva e affettiva. Mentre intorno al 1970 tale lingua era ancora formata da un numero contenuto di parole ed espressioni, oggi è notevolmente accresciuta.

Sulla posizione sociolinguistica delle varietà giovanili dell'italiano la discussione è aperta, infatti gli studi su tale argomento non sono ancora molti. Cortelazzo (1994, p. 292) analizza le conseguenze sul ruolo del LG nel rinnovamento dell'italiano contemporaneo. Come primo rileva, che la lingua dei giovani non appare come una varietà diacronica dell'italiano. Se la lingua italiana si evolve, questo è dovuto a fattori che poco hanno a che fare con l'uso linguistico giovanile. Il parlante giovane una volta divenuto adulto, non potrà trarre dalla sua passata esperienza di parlante giovane elementi di mutamento del sistema linguistico italiano. In secondo luogo sostiene che l'uso linguistico dei giovani non si pone come uso alternativo a quello comune.

La lingua dei giovani viene usata in certe situazioni comunicative, quindi tra i giovani la si utilizza per parlare di argomenti centrali alla loro condizione, come lo sport, la scuola, le amicizie, l'amore, il sesso, eventualmente la droga. Perciò è in primo luogo una varietà diafasica o situazionale della lingua e secondariamente una varietà diastratica in quanto connessa a un gruppo. In senso

---

[1] LG, d'ora in poi

stretto la varietà giovanile può essere definita come "... varietà di lingua, per lo più orale, usata dagli appartenenti ai gruppi giovanili in determinate situazioni comunicative." (Cortelazzo 1994, p. 294)

Funzioni del LG

Nella linguistica italiana di solito vengono distinte tre funzioni del LG:

1. una funzione ludica (ovvero di divertimento, di gioco, di scherzo);
2. una funzione che permette di affermare l'appartenenza al gruppo e di delimitarlo/distinguerlo rispetto al resto del mondo;
3. una funzione personale che consente l'affermazione del singolo all'interno del gruppo.

Il LG è uno slang creativo, fantasioso, ludico e scherzoso fatto di metafore e sigle inventate, rielaborate, accorciate, raddoppiate. La componente di gioco si realizza soptattutto attraverso l'alterazione della lingua. Anche l'uso di parole dialettali o prese a prestito da lingue straniere mostra quasi sempre, come rileva Cortelazzo (1994, p. 295), un'intenzione scherzosa, spesso sdrammatizzante.

La seconda funzione, quella sociale, spiega bene una delle caratteristiche di fondo del LG: il suo carattere rapidamente variabile. Il LG, come segnale di identità e di identificazione di un gruppo, ha la necessità di differenziarsi soprattutto dai gruppi contigui. Un giovane ha la necessità di affermare l'immagine di se stesso all'interno del gruppo e di assumere una posizione ben precisa, per questo il LG è molto creativo.

E' evidente che le tre funzioni sono tra loro intercorrelate. Essenziale è l'esistenza del gruppo e la voglia del singolo di adeguarsi alle forme espressive in esso dominanti. Adottare la varietà linguistica del proprio gruppo significa

esistere, essere riconosciuti, e dunque avere buone opportunità di essere accettati a livello sociale.

Nel LG può anche essere presente, ma è comunque marginale, una funzione detta criptolalia, che significa non farsi capire da chi non appartiene al gruppo. (sec. Marcato 2002, p. 43)

Il LG viene collocato tra il gergo stretto e l'italiano colloquiale(sec. Coveri, 1998, p.163). Ha molti tratti in comune con i gerghi soprattutto per quanto riguarda le caratteristiche interne, condivide con loro il ricorso alla metafora, la funzione di affermare il senso di appartenza al gruppo e la sua funzione distintiva. La funzione criptica, rilevante nei gerghi, nel LG è secondaria, mentre è primaria la concezione del gruppo. Caratteristiche proprie soltanto del LG sono quella ludica e quella personale. Con l'italiano colloquiale ha in comune il potenziamento dell'espressività.

Componenti del LG

La lingua parlata da ogni gruppo giovanile appare composta da elementi unitari, che contribuendo a determinarne le diverse funzioni, sono variamente presenti nelle diverse situazioni e ambienti giovanili. I linguisti parlano di solito delle seguenti componenti del LG:

1. una base di italiano colloquiale, informale e scherzoso;
2. una componente dialettale;
3. una componente gergale "tradizionale";
4. una componente gergale "innovativa";
5. una componente costituita da elementi derivati dalla lingua della pubblicità e dei mass media;
6. una componente formata da elementi provenienti da lingue straniere.

8

E' utile precisare anzitutto che il LG "ha come base l'italiano colloquiale, informale, scherzoso, nel quale entrano, e si mescolano fra loro, altri ingredienti." (Marcato 2002, p. 42) Non è sempre facile definire i rapporti fra lingua colloquiale e lingua dei giovani: le due varietà si intrecciano l'una con l'altra, perciò talvolta è difficile distinguere, per esempio se qualche innovazione lessicale sia stata presa dall'italiano colloquiale oppure sia stata creata dai giovani e importata nell'italiano colloquiale. Si tratta di parole come: *beccare, bestiale, casino, fuori di testa, gasato, pazzesco, pizza,* ect. (Coveri, *Gli studi in Italia,* p.65 in Cortelazzo, 1994, p.302). La scelta dell'italiano colloquiale, quale base dell'uso del LG, sembra del tutto naturale, poichè le interazioni linguistiche tra giovani avvengono per lo più a livello di parlato informale.

Una delle componenti fondamentali dell'uso linguistico dei giovani secondo i ricercatori è costituita dagli inserti dialettali. Come rileva infatti Cortelazzo (1994, p.302) in tutti i gruppi giovanili dei quali è stata studiata la lingua, elementi dialettali si trovano con una certa abbondanza, anche se le giovani generazioni sono sempre più italofone. Ci sono però tratti comuni alla lingua di tutti i gruppi giovanili. Il primo riguarda la funzione dei dialettalismi: le parole dialettali vengono inserite non tanto per la necessità di riferirsi a qualcosa di preciso, quindi con funzione denotativa, quanto per esprimere emozionalità ed espressività. I dialettalismi e la loro forma cambiano da gruppo a gruppo e possono appartenere al dialetto della zona o a quello di un'area diversa. L'importazione viene realizzata per vie diverse, ma soprattutto attraverso la televisione.

La componente gergale "tradizionale" si riferisce a parole che hanno un'origine gergale, e che per vie diverse si sono inserite nella lingua dei giovani. Di solito si tratta di parole di lunga durata, dunque trasmesse da una generazione all'altra. In certi casi sono ormai usate anche nell'italiano colloquiale di uso comune. Per

esempio si tratta di parole come: *bòna* per fisicamente attraente, *cotta* per innamoramento forte, *cotto* per innamoratissimo, *figo* per bel ragazzo, *scopare* per fare l'amore, *secchione* per studiosissimo. (sec. Cortelazzo, 1994, p. 305 – 306)

La componente gergale "innovativa" comprende "quelle forme linguistiche create dai giovani attraverso procedimenti che servono a modificare, con gradazione diversa, la forma esterna (il significante), oppure il significato della parola. Questi procedimenti, che possono interessare parole di qualunque provenienza, dall'italiano, dai dialetti, da lingue straniere, non sono una novità, sono gli stessi che servono a formare le parole dei gerghi." (Marcato, 2002, p.44) Per il cambiamento del significato si veda ad esempio *cozza* che prende il valore di ragazza brutta, oppure per la modifica del significante si veda ad esempio *mate* che sta per matematica.

Ci sono molti e diversi tipi di locuzioni e di battute lanciate dai mass media e diffuse nella lingua dei giovani, e qualche volta nella lingua comune. L'influenza dei mezzi di comunicazione di massa (televisione, pubblicità, canzoni, stampa giovanile) sul LG viene realizzato, secondo Cortelazzo (1994, p. 310 – 312) in tre forme. La prima riguarda la diffusione interregionale di elementi già esistenti nella lingua di un certo gruppo giovanile, come è accaduto per il lessico paninaro.[2] La seconda si realizza con la coniazione, in trasmissioni comiche o in spot pubblicitari, di tormentoni, parole-emblema, scambi di battute stereotipate che poi si diffondono, per periodi generalmente brevi, nel parlato giovanile. La terza forma di influenza avviene con la diffusione o con la coniazione di parole che vengono assunte e trasformate dai giovani ed entrano

---

[2] I paninari - frequentotori di paninoteche e fast-food, un piccolo gruppo milanese, che aveva il suo gergo ristretto. Traendo spunto da questa realtà, venne creato un personaggio comico – il paninaro, caratterizzato da una lingua, che oltre all'originario gergo paninaro, comprendeva numerosi elementi di svariata origine. Questo lessico paninaro è stato reso noto negli anni Ottanta dalle trasmissioni televisive.

nel gergo del gruppo. Malgrado tutto ciò, come rileva Coveri (1998, p. 165) "i mass media sono più il tramite che la fonte del linguaggio giovanile."

Il ricorso a prestiti stranieri è l'esternazione di un'internazionalizzazione del giovane, di una sua conoscenza maggiore delle lingue straniere rispetto ai genitori o ad altre generazioni. Gli internazionalismi sono per la maggior parte rappresentati da anglicismi, ma non mancano gli ispanismi (indotti più che altro dalla vicinanza linguistica tra spagnolo e italiano) e i latinismi. L'uso di forestierismi favorisce la dimensione ludica, la quale viene realizzata soprattutto nell'invenzione di pseudoforestierismi o nell'inserimento di elementi morfologici estranei all'italiano.

Alcuni esempi di forestierismi desunti dalla letteratura italiana (vedi bibliografia):
Gli anglicismi:

- la –s inglese per il plurale: *parents, genitors, veterans, gens* – i genitori; *profs* –i professori;
- talvolta i prestiti vengono adattati alla morfologia dell'italiano, quindi si osserva un processo di adattamento al sistema morfologico della lingua italiana: il verbo *to love* si può coniugare come un verbo italiano: *Ilaria lova Marco,* dichiara una scritta su una panchina;
- la serie di pseudoanglicismi in –scion, cioè –ation, con intento giocoso: *arrapescion, inchiappettescion, tentacolescion* (da "tentacolo", cosa che attrae e da cui non si riesce a liberarsi);
- *new entry* - studente appena arrivato; *fly down* – stai calmo;

I germanismi:

  lager – scuola;
  Führer – genitore;
  Geld – denaro;

11

I latinismi:

bonus - va bene così;

pecunia – denaro; con intento ironico

domus - casa

Gli ispanismi:

vamos a la playa - per dire si va in piazza; però: *playa* – spiaggia;

no tengo dinero – non ho i soldi, sono al verde;

il *cucador* - quello che fa la corte alle ragazze, quindi chi ci sa fare con le

ragazze (da *cuccare* – fare una conquista);

drugatero, drogates – drogato.

Senza dubbio si tratta di invenzioni ludiche e fantasiose, ma anche fatte da esperti. Un gioco linguistico che si può permettere chi l'italiano e le lingue straniere le conosce e le parla. Si può quindi dire che il LG ha un marchio d'appartenenza preciso, caratterizzato dall'estrazione sociale.

Linguaggio scritto giovanile

Il LG viene usato prevalentemente in modo orale, ma non mancano diversi tipi di scrittura, per lo più breve, come graffiti, scritte sulle panchine, sugli zainetti, messaggi SMS, etc. Sempre piú diffusi fra i giovani diventano i messaggini sul telefonino: "La lingua degli sms è nuova, rapida, essenziale, allegra, inventiva, capace di trasmettere emozioni tramite un mezzo di comunicazione 'freddo' come il cellulare [...] che è diventato un simbolo dei tempi moderni, come a suo tempo la Vespa, la Cinque-cento, il mangiadischi, la radio e la televisione."[3] I

---

[3] Marzinotto, Dr. Frida: 6 proprio 3mendo: la lingua dei giovani – gli sms. 13.06.2001. Online in Internet: http://ftp.akademie.klu.at/downloads/italiano/attualit%E0/..%5Clinguaggio%20giovanile/lingua%20dei%20giov ani-sms.htm Aprile 2002

messaggini sono di solito un modo rapido per mettersi d'accordo, per darsi appuntamenti e per accordarsi sulle modalità di incontro. Gli sms inviati ai cellulari al posto delle lettere si servono di numeri, di segni o di sigle[4] e vengono spesso formulati come veri e propri messaggi cifrati. E' interessante notare che le lettere dell'alfabeto, i numeri e i segni di interpunzione, concorrendo a formare un nuovo codice espressivo, riacquistano un valore per se stessi. Sotto vengono elencate alcune abbreviazioni e faccine[5] spesso usate nei messaggini:

+ piú

- meno

x per, come in *xciò, xchè, xke*

xò però

x' perchè

h acca come in *hdemia* - accademia

TVTB ti voglio tanto bene

C6 ci sei

3no treno

bn bene

cpt capito

dv dove

cmq comunque

$ soldi

int interessante

:/i vietato fumare

:-) sono felice

---

[4] lettere iniziali di una o più parole o nomi
[5] più conosciute con il nome di smiley o emotions –termine formato dalle parole emotion e icons, non sono altro che una sequenya di caratteri che va osservata inclinando la testa sul lato sinistro, in modo da scorgervi delle vere e proprie espressioni come per esempio …un sorriso ☺

:-*   ti mando un bacio

()   abbracci

+o- piu o meno

8-) ho gli occhiali

:*) sono ubriaco

:'-(piango

: @ manda/vedi

: - - - -) bugiardo

: -   senza parole

:- o oh, nooo

: ?) filosofo

mi hai r8 mi hai rotto

Quando T C metti 6 proprio 3mendo quando ti ci metti sei proprio tremendo

Quando non c 6 mi sento xsa quando non ci sei mi sento persa, etc.[6]

La loro natura "enigmistica" da una parte viene causata dalla fretta e dallo stress quotidiano oppure dallo spazio ridotto sul piccolo schermo del telefono. D'altra parte è prova della creatività ed allegria del linguaggio dei giovani.

Le forme giovanili di linguaggio sono utilizzate anche in testi di canzoni e nella letteratura, come nel noto "Jack Frusciante" di Enrico Brizzi[7].

II. IL LESSICO GIOVANILE IN AMBIENTE ROMANO

---

[6] Gli esempi li ho preso dal sito Internet: http://smiley.supereva.it e
http://ftp.akademie.klu.at/downloads/italiano/attualit%E0/..%5Clinguaggio%20giovanile/lingua%20dei%20giov
ani-sms.htm
[7] Milano, Baldini & Castoldi, 1996

Siccome il LG si muove con tanta rapidità, è difficile stargli dietro in tempo reale. Secondo gli esperti, le parole dei giovani durano circa una decina d'anni e poi spariscono. Quindi i termini registrati da vocabolari ed enciclopedie sono già vecchi quando vengono pubblicati. A questo aveva pensato Michele Cortelazzo, docente di Filologia neolatina all'università di Padova, costruendo *Linguagiovani*[8], il primo dizionario online. Ha dato ai giovani italiani la possibilità di comunicargli via e-mail le "loro" parole. Quindi sono direttamente i ragazzi a segnalarglieli, inviando schede firmate e con la propria città d'origine. Interessante è che la maggior parte delle parole indicate riguarda: sesso, droga, divertimenti, soldi, abbigliamento.

Sotto vengono elencati alcuni modi di dire dei giovani romani del Duemila, direttamente segnalati dai lettori e proposti da Maria Simonetti[9]:

Prendere una mina - Vuol dire ubriacarsi secondo Roberto Pulito di Roma (tech@closeup.it).

Dare la calla - Slang romano che significa accontentare, in maniera alquanto insoddisfacente ma apparentemente degna, una persona. L'origine risalirebbe ai primi del secolo quando un uomo, non potendo omaggiare la sua bella con le costosissime rose, le regalava delle calle, molto più economiche. Proposta da Alberto Pallotta di Roma (woodyall@tin.it).
Ma l'ipotesi di Alberto Pallotta di Roma a Pasquale G.Tatò (Cambridge, U.S.A.) sembra molto fantasiosa. Secondo Tatò questo nome di fiore, la calla, è diventato d'uso comune solo in epoca recente. In dialetto romanesco "callo" significa "caldo", per cui "dare la calla" significherrebbe letteralmente "dare la

---

[8] www.maldura.unipd.it/giov/lista.phtml
[9] Online in Internet: http://www.espressonline.it/ESW_articolo/0,2393,8985,00.html

calda". Si tratta forse di un riferimento a dei complimenti "tiepidi", cioé poco convinti (Pasquale.tato@EastmanSoftware.com). E la disputa tra Alberto Pallotta di Roma e Pasquale G.Tatò di Cambridge continua. Alberto Pallotta fa sapere la sua fonte, costituita da «un anziano venditore di fiori di Campo de' Fiori, antico quartiere capitolino. In parole povere, me lo ha detto "uno cor banco", come si dice a Roma di chi gestisce una bancarella del mercato».

Mi sta crescendo la barba - Vuol dire mi sto annoiando, sto aspettando da molto tempo, ci stai mettendo un sacco di tempo. Proposta da Daniele Cedrone e Loredana di Roma (md4071@mclink.it).

Come tantitoli - Come ti intitoli, come ti chiami. Proposta da Rossella di Roma (b.scarrica@flashnet.it)

Me cangura - Non me ne importa niente, mi scivola addosso. Proposta da Massimo Sebastiani di Roma (sebastianin.@ansa).

Tenersi la cica - Mantenere un segreto, in slang romano. Proposta da Alberto Pallotta di Roma (woodyall@tin.it).

Che 180! - Che matto, con riferimento alla legge che ha chiuso i manicomi, secondo Gianclaudio Torlizzi di Roma (gianclaudio77@yahoo.com).

Fare la busta - Morire di caldo. Proposta da Gianclaudio Torlizzi di Roma (gianclaudio77@yahoo.com).

Me la sono spinta/o - Ho fatto l'amore con lei/lui. Proposta da Gianclaudio Torlizzi di Roma (gianclaudio77@yahoo.com).

Ma quello è il naso tuo o te stai a magnà 'na frappa? - Freddura romanesca da rivolgersi a chi ha il naso prominente, secondo Gianclaudio Torlizzi di Roma (gianclaudio77@yahoo.com).

Le analisi pratiche del lessico giovanile in ambiente romano

Gli esempi sotto elencati sono raccolti in ambiente romano in modo casuale, nello spazio universitario oppure sentiti spesso nei mezzi di trasporto pubblico durante il mio soggiorno a Roma come studentessa *Erasmus* l'anno scorso.

svalvolare - Dare i numeri, comportarsi o esprimersi senza senso, dal dialetto romano;

fare il provolone - Essere un ragazzo, che ci prova con tutte, neologismo;

fare il mollicone - Come *fare il provolone,* però la persona che fa il mollicone è sempre attaccata, fa complimenti, in romanesco: mollicone significa la parte tenera del pane;

rimorchiare - Conoscere qualcuno che ci sta, l'esempio: *Ieri sera ho rimorchiato una ragazza.* significa, che ha conosciuto una ragazza che gli piace ed anche lei è interessata a lui, dal dialetto romano, in italano colto "trainare";

avere una tresca, farsi una tresca - Avere una relazione amorosa con una persona, *tresca* in dialetto romano significa flirt;

svoltare - Cambiare la situazione in positivo, in italiano colto "girare";

darsi una punta - Darsi un appuntamento – abbreviazione *punta* per appuntamento;

essere scianti - Essere tranquillo – neologismo;

essere tranqua – abbrevazione che significa essere tranquillo;

17

beccarsi - Incontrarsi, vedersi, per esempio: *ci becchiamo domani* significa: ci vediamo domani. Nella zona romana è molto frequente, dal dialetto: *se beccamo*, oppure *s'aribbeccamo* - ci rivediamo;

alla prossima - Ci vediamo, alla prossima volta – abbrevazione, non è precisato quando c'è questo incontro;

bella - Vuol dire ciao e si usa per salutare, molto frequente;

pischello/a - ragazzino/a;

farsi una vasca - Farsi una passeggiata, questa frase viene usata anche in altre regioni d'Italia e trova la sua origine probabilmente a Torino. Lì, la via più "IN" è Via Roma e siccome è tutta dritta si dice: *vado a farmi una vasca*, nel senso che si va su e giù, come in piscina... si và in qualsiasi modo, anche a piedi, ma rigorosamente dall'inizio (piazza C. Felice) alla fine (piazza Castello);

dare o chiedere uno strappo - Dare o chiedere un passaggio con la macchina o con il motorino, per esempio: *mi dai uno strappo fino a casa?;*

flashare - colpire: *una ragazza bella mi ha flashato sono* rimasto colpito, anglicismo;

battere i pezzi - Corteggiare, andare dietro, dialettale;

imboccare - Entrare;

coatto - Bullo, ragazzo spavaldo;

sbroccare - arrabbiarsi, p.e.: *mi fa sbroccare, che ...*, molto frequente;

dare una dritta - dare un consiglio;

scaricare una persona - finire un rapporto, lasciare qcn;

attaccare un pipone - fare un discorso lungo e pesante;

smollare - lasciare, essere stanco di una persona e andarsene;

inciuccarsi - ubriacarsi, *stare ciucco* - essere ubriaco;

essere bevuti - essere arrestato dalla polizia in modo veloce, subito, p.e.: *Sbrighiamoci, se no ci si bevono!;*

andare al gabbio - finire in carcere;

fare gli impicci - fare azioni commerciali illegali e/o complicati;

essere impicciato con il cervello - essere confuso, avere confusione;

stare sotto a un treno - stare male, in una situazione familiare difficile, affettiva;

essere arrivato alla frutta - Significa: essere stanco, essere alla fine, senza forze vitali;

mi sto laureando - Così dice uno studente, che ha fatto tutti i corsi, ma neanche un esame; usato solo alla Sapienza;

incocciare, essere di coccio - non capire bene, essere un testone, una persona che non capisce o non vuole capire;

dare una pizza, dare una cinquina - dare uno schiaffo;

farsi una spada - Drogarsi;

accriccarsi - cadere, p.e.: *Io mi sono accriccata;*

andare lungo - cadere, p.e.: *Sono andata lungo;*

fare un botto - fare un incidente stradale;

telare - scappare, andare via velocemente da un luogo;

darsi - vuol dire scappare, p.e.: *Mi sono dato, perché era' na festa noiosa;*

fa rate - Significa: fa schifo, non è buono, è brutto; si usa soprattutto per il cibo, per la mensa;

purciaro – avaro, viene probabilmente da pulce - Floh; mercato delle pulci – Flohmarkt, in romanesco –*l* viene spesso pronunciata come –*r*;

scroccare - Chiedere qcs a spese di altri: una sigaretta, un pranzo o un caffè;

mantenere il vizio – stare a carico di qcn., p.e.: *Non ti mantengo il vizio!* – si usa spesso come risposta a *scroccare;*

battere una sigaretta - richiesta di una sigaretta, p.e.: *Ti posso battere una sigaretta?;*

sfondare - si usa in situazioni diverse, nel significato di "rompersi", p.e.: *Mi sono sfondato/a il braccio* significa: Mi sono rotto/a il braccio. Nell'altro senso esprime: mangiare senza fondo, senza misura, consumare in modo ecessivo, per esempio: *Mi sono sfondato/a tutto* significa: Ho mangiato tutto;

star fuori come un balcone – essere matto, dire cose senza senso.

I giovanni hanno sviluppato anche tante parole per chiamare i soldi, i dati scritti sotto riguardano le Lire italiane:

- per 100 Lire *una piotta*, per 200 Lire *due piotte;*
- per 1000 Lire *un sacco, un milante;*
- per 5000 Lire *uno scuolo, cinque carte;*
- per 10 000 Lire *due scuoli, dieci sacchi, dieci carte* (la parola *carte* è stata usata solo per numeri rotondi);
- per 100 000 Lire *un testone, una piotta, una fella;*
- per 50 000 Lire mezza fella, mezza piotta, cinquanta sacchi.

RIASSUNTO

Nella realtà linguistica si osserva il rapido movimento della lingua italiana negli ultimi decenni. Il cambiamento intervenuto nell'uso dell'italiano durante questo secolo viene riflettuto nella comunicazione giovanile, ad esempio la disponibilità del lessico sessuale, sempre meno tabuizzato dalla comunità, oppure l'influsso dell'inglese, o lo sviluppo del sistema allocutivo, che si è ridotto da un sistema a tre elementi (tu, Voi, Lei) a un sistema binario (tu, Lei). Si nota anche una certa diffusione della lingua dei giovani, tra i giovani e i non giovani. Il LG si diffonde per due vie, una diretta, la più naturale per lo scambio orale e una indiretta, data dai mass media.

L'altra caratteristica del LG è la rapidità di mutamento, che è dovuta al continuo ricambio di utenti. Da un lato le parole dei giovani hanno poca durata, dall'altro si fissano nella lingua comune (come *casino* per confusione o *gasato* per montato, pieno di sè), dato che tutti i parlanti adulti sono stati essi stessi, in qualsiasi modo, utenti del LG.

Va pure rilevato che il mondo giovanile non è un mondo omogeneo. Non esiste dunque un LG unico e identico per tutti i giovani che vivono nella realtà linguistica italiana. Questa eterogeneità è dovuta a diverse variabili: alla classe di età degli utenti (adolescenti, diciottenni, ventenni, etc.), al luogo di socializzazione (la scuola, la discoteca, etc.), all'esperienza culturale (studenti di scuole diverse, giovani con la sola licenza media, etc.) e al loro interesse per la musica, il cinema, la TV, etc.

Generalmente si può tuttavia assumere che il LG a livello semantico viene caratterizato dall'uso di estensioni di significato, metafore, eufemismi, internazionalismi, esagerazioni, vocaboli dei vari gerghi; a livello lessicale

vengono usati spesso abbreviazioni, raddioppiamenti, sigle e acronimi (nella lingua scritta),   cultismi, suffissi rari (-*ozzo*: *paninozzo* - panino, -*occio*: *belloccio* – bello), iperboli, metatesi (ad esempio *drema* – madrea).

Concludendo questa rappresentazione della lingua dei giovani bisogna dire che in questo campo ci sono ancora diversi strati non elaborati, come per esempio un settore trascurato tra le fonti degli studi sono le scritture giovanili: quelle diaristiche, degli zainetti, murali e sulle banconote. Comunque non si potrá mai arrivare a dei risultati definitivi in questa ricerca, perché, come è stato detto prima, la lingua è in continua evoluzione e le generazioni cambiano nel giro di pochi anni.

BIBLIOGRAFIA

- Banfi Emanuele, *"Linguaggio dei giovani"*, *"linguaggio giovanile"* e *"italiano dei giovani"*, in *Come parlano gli italiani*, a cura di Tulio de Mauro, Firenze, 1994, pp. 149-156.

- Berruto Gaetano, *La variabilità sociale della lingua*, Torino, 1980.

- Bersani Samuele, Ronnie Red, *Parola bruciata*: *Un convegno sul linguaggio giovanile*, Lucca, 23-24.03.2001, in *Roxy mag* Nr. 3, Online in Internet: http://www.roxyweb.com/roxymag/mag003/bersani/foto_bersani06.htm, 17.04.2001

- Cortelazzo Manlio, Zolli Paolo, *Dizionario etimologico della lingua italiana*, Bologna, 1999.

- Cortelazzo Michele A., *Il parlato givanile*, in *Storia della lingua italiana*, *II, Scritto e parlato*, a cura di Luca Seriani e Pietro Trifone, Torino, 1994, pp. 291-317.

- Cortelazzo Michele A. (a cura di), *Ricerche in corso o inedite e altre iniziative sulla lingua dei giovani in Italia*, Online in Internet: http://www.maldura.unipd.it/giov/ricerche.htm, 25.09.2000.

- Coveri Lorenzo, Benucci Antonella, Diadori Pierangela, *Le varietà dell'italiano. Manuale di sociolinguistica italiana*, Roma, 1998.

- De Mauro Tullio, *Dizionario della lingua italiana*, Milano, 2000.

- *Italia. Linguaggio. Che cos'è il linguaggio*, Online in Internet: http://www.adnkronos.com/fatti2002/403/403a.htm

- Marcato Carla, *Dialetto, dialetti e italiano,* Bologna, 2002.

- Marzinotto Frida, *6 proprio 3mendo,* 13.06.2001, Online in Internet: http://ftp.akademie.klu.at/downloads/italiano/attualit%E0/..%5Clinguaggio%20g iovanile/lingua%20dei%20giovani-sms.htm, Aprile 2002.

- Mazzocchi Alfredo, *Dizionario moderno della lingua italiana*, Milano, 2001.

- Pauletto Daniele (a cura di), *Sms – linguaggio – smiley,* Online in Internet: http://smiley.supereva.it, 2003

- Simonetti Maria, *Prendere na mina, battere la stecca. I modi di dire dei giovani del Duemila,* in *Rivoluzioni linguistiche / L'italiano di fine millennio,* 15.02.2001, Online in Internet: http://www.espressonline.it/ESW_articolo/ 0,2393,8985,00.html

Lightning Source UK Ltd.
Milton Keynes UK
UKHW010638260722
406393UK00002B/541